DÉSIGNATION

12 Mars 1860

DES OBJETS

TERRES CUITES DE CLODION

1820 1 — Jolie statuette de bacchante debout, tenant d'une main une coupe et de l'autre des raisins. La terrasse est ornée d'un thyrse et d'un tambour de basque. Haut. 45 cent.

720 2 — Deux vases forme Médicis, ornés de bas-reliefs représentant des sujets bachiques et de guirlandes de fleurs. Haut. 27 cent.

12,600 3 — Deux bacchantes couchées, entièrement nues, couronnées de pampres et de fleurs; elles sont dans des poses différentes et des plus gracieuses : l'une tient une coupe et des raisins; l'autre tient également une coupe et a son jeune enfant auprès d'elle. Ces deux charmantes figures peuvent être placées au premier rang des œuvres de Clodion. Les piédes-

Vendus précédemment à la V.te Richard 8000

elles sont achetés pour L'Empereur

taux, en bois sculpté et doré, sont très-riches d'ornementation dans le style de Louis XVI. Long.
39 cent., haut. 30 cent.

3756 4 — Deux jeunes bacchantes portant des fruits, statuettes
à demi drapées, remplies de grâces et de naïveté.
Haut. 45 cent.

310 4 bis. — Joli bas-relief, représentant une bacchante couchée et des enfants.

pour L Impératrice

TERRES CUITES PAR DIVERS ARTISTES

5 — Groupe de trois enfants tenant une corbeille de fleurs,
signé : M. Shee, f. 1734. Haut. 35 cent.

6 — Autre groupe d'enfants jouant avec des raisins, par le
même artiste. Haut. 30 cent.

7 — Bacchante couchée, signée : Buhot.

MARBRES SCULPTÉS

4860 8 — Beau groupe en marbre blanc, représentant Daphnis
et Chloé, sculpture remarquable, par P. Gayrard,
1857. Haut. 70 cent.

1520 9 — Jeune fille debout tenant une colombe, et légèrement
drapée; auprès d'elle est un fût de colonne. Sta-

12 mars 1860,
Exemplaire
Beurdeley père

Vente de Mr Norzy
Mars — 1860

CATALOGUE

D'OBJETS D'ART

ET DE CURIOSITÉ

TELS QUE :

Belles terres cuites de Clodion, Statuettes en marbre blanc, par Pigalle
et Gayrard, Bois et Ivoires sculptés, Bronzes florentins,
Faïences italiennes et de Bernard Palissy, Émaux de Limoges,
Porcelaines d'ancien Sèvres et de Saxe, Bijoux,
Tabatières en or émaillé, Miniatures, Vernis de Martin, Manuscrits
et quelques Livres avec gravures, etc., etc.

TRÈS-RICHE AMEUBLEMENT

EN BOIS DE ROSE ET EN MARQUETERIE, EN BOIS SCULPTÉ ET DORÉ

DES ÉPOQUES DE LOUIS XV ET LOUIS XVI

PENDULES, FEUX, CANDÉLABRES EN BRONZE DORÉ

LUSTRES ET BRAS D'APPLIQUE EN CRISTAL DE ROCHE, MONTÉS EN BRONZE DORÉ

Rideaux et Tentures en damas de soie, etc., etc.

LE TOUT COMPOSANT LA COLLECTION ET L'AMEUBLEMENT DE M. ***

DONT LA VENTE AURA LIEU

HOTEL DES COMMISSAIRES-PRISEURS, RUE DROUOT, 5

GRANDE SALLE N° 7, AU PREMIER ÉTAGE.

Les Lundi 12, Mardi 13, Mercredi 14 et Jeudi 15 mars 1860, à une heure

Par le ministère de Me CHARLES PILLET, Commissaire-Priseur,
rue de Choiseul, 11.

Assisté de M. ROUSSEL, Expert, rue Neuve de l'Université, 5
Chez lesquels se distribue le présent catalogue.

EXPOSITION { PARTICULIÈRE, le samedi 10 mars 1860;
PUBLIQUE, le dimanche 11 mars 1860, de midi à 5 h.

PARIS. — IMPRIMERIE DE PILLET FILS AÎNÉ
5, RUE DES GRANDS-AUGUSTINS.

1860

app. a Mr Beurdeley

CONDITIONS DE LA VENTE

Elle sera faite au comptant.

Les acquéreurs payeront, en sus des adjudications, cinq pour cent applicables aux frais.

AVIS ESSENTIEL

La vente des chevaux d'attelage, harnais et voitures appartenant à M.*** aura lieu aux écuries de M. Chéri, rue de Ponthieu, 49, le mercredi 7 mars 1860, à deux heures.

Celle des tableaux composant sa précieuse collection aura lieu hôtel Drouot, salle 7, le vendredi 16 mars 1860, à deux heures et demie.

Et celle des vins, hôtel Drouot, salle le samedi 17 mars 1860, à une heure et demie.

Les catalogues se distribuent :

Chez M⁰ Charles Pillet, rue de Choiseul, 11.

M. Roussel, rue Neuve de l'Université, 5.

M. Laneuville, rue Neuve des Mathurins, 5.

M. Chéri, rue de Ponthieu, 49.

ORDRE DES VACATIONS

Première vacation, du *lundi* 12 mars.

Du n° 1 au n° 98.

Deuxième vacation, du *mardi* 13 mars.

Du n° 99 au n° 186.

Troisième vacation, du *mercredi* 14 mars.

Du n° 187 au n° 284.

Quatrième vacation, du *jeudi* 15 mars.

Du n° 285 au n° 370.

L'exposition publique mettant les acheteurs à même d'examiner les objets mis en vente, aucun d'eux ne sera repris, sous quelque prétexte que ce soit.

tuette d'une grande naïveté, par Pigalle. Haut.
63 cent.

10 — Jeune femme assise à terre, style de Boucher.

11 — Jupiter et Léda, groupe, par Feuchères.

BOIS SCULPTÉS

12 — Portrait de femme représentée en Madeleine, les cheveux épars et la tête appuyée sur une tête de mort.
Sculpture flamande en haut relief, appliquée sur un
fond en bois d'ébène avec cadre à fronton en bois
de palissandre. Du cabinet Daugny.

13 — Deux bas-reliefs, en forme de frises, représentant
l'un le Banquet des dieux, et l'autre Mars et Vénus
pris dans les filets de Vulcain. Ces deux beaux bas-
reliefs sont signés Léon Bavr; cadre en bois d'é-
bène. Long. 28 cent., haut. 13 cent. Du cabinet
Daugny.

14 — Cuiller dont le manche est formé par des groupes
de figures d'un travail délicat. Le cuilleron offre le
portrait de Louis XIV avec la date de 1668 et plusieurs inscriptions gravées en creux.

15 — Statuette de sainte Barbe debout, en très-riche costume, chargé d'ornements en relief de la plus grande
finesse d'exécution; auprès d'elle est la tour qui lui
sert d'attribut. Ouvrage allemand très-remarquable

du seizième siècle, provenant des cabinets Daugny et Denon. Haut. 33 cent.

1 51

16 — Statuette de saint Sébastien attaché à un arbre et percé de flèches ; figure remplie d'expression. Haut. 27 c.

4 80

17 — Jolie statuette. la Vierge debout portant l'enfant Jésus ; très-belle sculpture du temps de Louis XIV. Haut. 31 cent.

395 Ba

18 — Autre statuette représentant le même sujet, traité différemment. Haut. 25 cent.

155

19 — Statuette d'une jeune fille debout, entièrement nue ; sculpture flamande du seizième siècle, d'un grand fini, sur piédestal en bois sculpté. Haut. totale, 27 cent.

20 — Christ en croix, en buis ; la croix est ornée de mascarons et rosaces en cuivre, avec médaille de barnabite.

IVOIRES SCULPTÉS

350

21 — Statuette représentant une jeune femme sortant du bain, à demi drapée et tenant un vase, ivoire italien. Sur piédestal en bois noir. Haut. 17 c.

800

22 — Saint Antoine, jolie statuette, travail italien de très-beau style et d'un grand fini, du dix-septième siècle. Haut. 22 cent.

23 — Cérès et Bacchus debout; l'un couronné de pampre, et l'autre couronnée de fleurs. Haut. 14 cent.

24 — Christ en croix et couronné d'épines. Haut. 21 cent.

25 — Deux petites statuettes en ivoire, représentant des mineurs saxons, sur piédestaux en bois sculpté.

26 — Groupe de trois figures de ronde bosse, représentant les Parques, exécuté dans un seul morceau d'ivoire, beau travail de style flamand, provenant de la collection Daugny. Haut. 20 cent.

27 — Six petits médaillons ovales, renfermant des bas-reliefs en ivoire d'une grande finesse d'exécution et d'un beau dessin, représentant des sujets mythologiques. De la collection Debruge.

28 — Beau bas-relief représentant l'Adoration des bergers. Composition d'un grand nombre de figures et d'une rare perfection de travail. Ce bel ouvrage, attribué à Bouchardon, se trouvait dans la sacristie de l'église de Saint-Pierre à Rome, d'où il aurait été enlevé lors de l'entrée des Français en cette ville au temps de la république. Des collections Révil et Daugny.

BRONZES

29 — Beau groupe florentin représentant Hercule étouffant Antée, par Jean de Bologne. Ce bronze, dont les

figures sont pleines d'énergie, est pourvu d'une
très-belle patine. Haut. 42 cent.

30 — Lampe formée par une tête moresque barbue, sur
piédouche orné de feuillages; bronze florentin du
seizième siècle, sur plinthe en marbre brèche africaine. Haut. 18 cent.

31 — Groupe de trois figures : jeunes enfants et satyre
jouant avec des raisins; bronze ancien, couleur
florentine. Haut. 21 cent.

32 — Groupe florentin de fonte très-légère, représentant la
Pietà de Michel-Ange, sur piédestal orné de cariatides et de guirlandes de fruits. Ce bronze remarquable est fondu à cire perdue et d'un seul jet. De
la collection Daugny. Haut. 23 cent.

33 — Groupe représentant Laocoon et ses fils enlacés de
serpents; Bronze florentin du seizième siècle,
pourvu d'une belle patine. Larg. 31 cent., haut.
37 cent.

34 — Encrier italien du seizième siècle, supporté par deux
jeunes enfants et orné d'un écusson armorié. Le
couvercle est surmonté d'un génie ailé. Hauteur
20 cent.

35 — Deux figures allégoriques à demi couchées, élégam-
ment drapées; l'une tient une corne d'abondance,
et l'autre un écusson destiné à recevoir des armoiries; bronze florentin du seizième siècle. Ces figures
reposent sur des frontons coupés, très-riches d'or-

nementation en bronze doré. Haut. 31 cent., larg. 36 cent.

36 — Groupe de deux anges debout et drapés; bronze italien du seizième siècle, en partie doré au vernis. Haut. 21 cent.

37 — Deux grandes statuettes représentant des baigneuses, d'après Falconnet et Allegrain; bronzes argentés exécutés par Victor Paillard. Haut. 85 cent.

Ces deux belles figures seront vendues séparément, à moins qu'on n'en demande la réunion.

38 — Vénus africaine debout; très-beau bronze florentin du commencement du seizième siècle. Hauteur 33 cent.

FAIENCES ITALIENNES

39 — Beau plat rond à reflets métalliques rouge feu et irisés. Le sujet représente la Ville de Florence pleurant ses enfants morts de la peste; au revers, une inscription indique le sujet avec la date de 1538, et le monogramme X. de Xanto. Fabrique de Gubbio. Ce beau plat provient de la collection Rattier. Diam. 28 cent.

Autre beau plat de même fabrique; la peinture, à reflets métalliques rouge feu et irisés, représente un épisode de la vie de l'Enfant prodigue, d'après Albert Durer ; il porte au revers la date de 1525, et le monogramme de Maëstro Giorgio. Diam. 28 c.

Il provient de la collection Rattier.

11 — Vase de forme ovoïde, décoré d'arabesques en grotesque, sur fond blanc, et de quatre mascarons à mufles de lion en relief, fabrique d'Urbino. Haut. 35 cent.

12 — Coupe festonnée et à côtes, décorée de grotesques d'une grande finesse d'exécution ; au milieu, un Amour tenant son arc. Même fabrique. Diam. 25 c.

13 — Petite coupe, forme coquille, avec anse à serpents ; à l'intérieur est représenté un jeune garçon tenant des raisins. Même fabrique.

14 — Coupe ronde à piédouche, fabrique de Gubbio ; le décor en relief présente deux Génies soutenant un écusson. Le pourtour est orné de fleurons émaillés en rouge à reflets métalliques. Diam. 19 cent.

15 — Autre coupe de même fabrique, offrant au milieu les deux mains symboliques, surmontées d'une couronne ; le tour est orné de godrons émaillés en jaune et rouge feu, à reflets métalliques et rehaussés de bleu. Diam. 18 cent.

FAIENCES FRANÇAISES

Fabrique de Bernard Palissy.

580

46 — Plat ovale dit à salières, décoré de cornes d'abondance chargées de fruits émaillés au naturel, sur fond marbré, provenant de la collection Rattier. Diam. 33 cent. sur 24 cent. *DEX*

400

47 — Autre plat de même fabrique, de mêmes forme et décor. *PRX*

435

48 — Coupe ronde et festonnée à fond bleu, décorée de syrènes placées sur des dauphins, elles tiennent des vases renfermant des bouquets de fleurs. Cette pièce rare est d'une belle épreuve et d'une parfaite conservation. Même fabrique. Diam. 25 cent.

17 6

49 — Plat ovale offrant au centre une cavité émaillée en vert; le reste du plat présente quatre autres cavités de forme circulaire, entourées d'arabesques et d'entrelacs en relief; elles sont alternées par autant de figures de génies ailés tenant divers attributs. Même fabrique. Diam. 32 cent. sur 24 cent. De la collection Rattier. *220X*

De diverses fabriques.

215

50 — Trois vases à fleurs, de forme ovale; les anses, formées par des têtes de bélier, supportent des cornes d'abondance : ils sont richement décorés de trophées pastoraux et de guirlandes de fleurs. très-finement peints; faïence ancienne du temps de Louis XVI.

51 — Vase à deux anses formées par des têtes de satyres; il est orné de guirlandes de fleurs et d'arabesques; faïence ancienne d'un bel émail. Haut. 35 cent.

52 — Autre vase à couvercle et anses, décoré de guirlandes de fleurs et de médaillons à sujets d'enfants; faïence ancienne, époque de Louis XV. Haut. 21 cent.

ÉMAUX DE LIMOGES

53 — Grande et belle plaque à peinture coloriée et à paillons, rehaussée d'or et d'émaux transparents imitant des pierreries, représentant la Flagellation du Christ. Peinture dans le style du quinzième siècle, signée Johan P. R. Nicault. Haut. 23 cent., larg. 19 cent.

54 — Autre belle plaque à peinture coloriée et à paillons, avec rehauts d'or et d'émaux transparents, représentant Jésus couronné d'épines. Même signature et même époque que la précédente.

La beauté du dessin, la richesse des couleurs et la belle conservation de ces deux émaux peuvent les placer au premier rang des émaux de ce genre. Ils proviennent de la collection Daugny, et antérieurement de celle de M. Didier Petit. M. de Laborde les a décrits dans sa savante notice sur les émaux, p. 145.

55 — Beau triptyque de forme rectangulaire : la peinture du centre représente le Calvaire ; le volet de gauche le Portement de croix, et celui de droite la Descente de croix. Ces sujets, composés d'un grand nombre de figures dans le style allemand du quinzième siècle, sont peints en couleurs avec rehaut d'or, et enrichis d'émaux translucides sur paillons imitant des pierres de couleur. Cet objet remarquable peut être attribué à Johan Penicaud ; il est décrit par M. de Laborde, p. 147 de sa notice sur les émaux ; monture à moulures en bois noir. Haut. 35 cent., larg. 72 cent.

56 — Deux plaques cintrées par le haut, provenant de baisers de paix, peintures coloriées rehaussées d'or ; l'une représente l'Adoration des mages, et l'autre le Crucifiement. Larg. 6 cent., haut. 8 cent.

Ces deux pièces sont réunies dans un même cadre en bois noir à moulures dorées.

57 — Baiser de paix, peintures grisailles sur fond bleu, avec l'inscription : *Sancta Catharine Senensis*, signé J. L. Monture en cuivre.

VERRERIES VÉNITIENNES ET ALLEMANDES

58 — Grande et belle aiguière à ouverture en trèfle à filigranes blancs entre-croisés. Cette pièce est remarquable par l'élégance de sa forme et sa conservation. Seizième siècle. Haut. 30 cent.

59 — Coupe à piédouche et à côte saillante, décorée d'émaux sur fond doré; le milieu offre un écusson armorié.

60 — Joli petit verre à côtes et très-évasé, en verre incolore avec anses en verre bleu.

61 — Autre verre à peu près de même forme, décoré de filets saillants en verre bleu.

62 — Sucrier à couvercle en verre craquelé blanc.

63 — Gobelet à décor émaillé en couleurs, représentant un personnage debout et des attributs de maîtrise, avec inscription allemande.

64 — Deux jolis petits gobelets en verre blanc gravé, sujets de chasse et fleurs; ils sont garnis en argent.

65 — Jolie petite coupe en cristal taillé et gravé, à sujets de chasse.

66 — Gobelet de forme évasée, verre blanc gravé, avec pied à balustres en verre bleu.

67 — Verre à pied élevé, de forme évasée, offrant un chiffre gravé surmonté d'une couronne.

68 — Joli vase à huit pans avec couvercle en cristal gravé d'un décor très-riche et d'un beau travail, portant des inscriptions allemandes.

69 — Jolie petite coupe sur pied élevé, en cristal taillé, richement ornée de gravures à sujets et fleurs d'un travail fin et délicat.

70 — Vidrecome allemand en cristal taillé, orné de gravures à sujets allégoriques et armoiries, avec inscription allemande.

71 — Grand verre forme calice, pied à balustre élevé, en cristal taillé, offrant deux écussons armoriés datés du 6 septembre 1739.

72 — Autre verre de même forme, orné d'un paysage gravé, avec sujets et devise allemande.

73 — Très-beau gobelet, forme calice, cristal taillé, décoré d'arabesques et de sujets de chasse, gravé, d'un beau travail.

74 — Autre verre de même forme, en cristal taillé, orné de médaillons représentant l'Espérance et la Justice, portant des inscriptions allemandes.

75 — Verre forme calice avec couvercle en cristal taillé et gravé, offrant un sujet et une inscription allemande; le piédouche et le bouton du couvercle sont pénétrés de filets enroulés rouge et or.

76 — Très-beau flacon, cristal taillé, orné de gravures très-délicates et d'un beau travail, offrant des arabesques, un sujet de marine et des figures allégoriques; il porte en outre un écusson armorié surmonté d'une couronne.

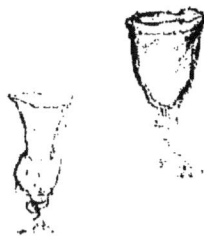

PORCELAINES D'ANCIEN SÈVRES

Berthier

1080

77 — Grande et belle tasse à deux anses et couvercle, avec sa soucoupe, porcelaine de Sèvres, pâte tendre, ancien décor, fond vert à cartouches de fleurs, très belle qualité.

307

78 — Tasse et sa soucoupe, fond bleu de roi, à cartouche d'oiseaux, décors d'or, pâte tendre, très-belle qualité ancienne.

Ayrès

79 — Autre tasse de même fabrique et qualité, fond bleu de roi, à médaillons d'amours, camaïeu rouge.

10/10

80 — Tasse et sa soucoupe, fond bleu turquoise, à médaillons d'oiseaux, avec plateau carré à galeries découpées à jour, fond bleu turquoise. Du même décor.

81 — Grande tasse et soucoupe, fond violacé marbré de bleu et or, à médaillons de fleurs, très-belle qualité.

195

82 — Plateau de forme oblongue et festonnée, fond bleu de roi, avec cartouches de fleurs.

350

83 — Grande tasse à deux anses et couvercle, avec soucoupe, décor en camaïeu rouge, offrant des amours, des fleurs et des trophées de musique.

175

84 — Tasse forme droite avec sa soucoupe, fond bleu clair, avec arabesques d'or et médaillons d'oiseaux.

85 — Grande tasse de même forme, fond blanc, décorée de sujets de chasse, très-finement peinte, porcelaine de Sèvres, pâte dure.

86 — Autre tasse de même forme et qualité, décorée de fleurs.

87 — Pot à eau et sa cuvette en porcelaine de Sèvres, pâte tendre, décoré de bouquets de fleurs, ancienne qualité et ancien décor; le couvercle à charnière est garni en argent doré.

88 — Enfant couché, porcelaine blanche, pâte tendre.

89 — Pot à eau et sa cuvette en porcelaine pâte dure, richement décorés de guirlandes et de corbeilles de fleurs, couvercle à charnière en argent doré.

90 — Deux petits pots à fleurs, porcelaine d'ancien sèvres, pâte tendre, décorés de fleurs.

91 — Deux bouquets dont les fleurs sont en porcelaine de Sèvres.

PORCELAINES DE SAXE ET D'ALLEMAGNE

92 — Grande théière en porcelaine, décorée de fleurs avec médaillons à sujets, richement ornée de guirlandes de fleurs en cuivre doré, d'un travail repoussé d'une grande délicatesse; le support, de forme triangu-

2

laire, est également décoré de branches de fleurs
en cuivre doré du même travail.

93 — Très-beau groupe de quatre figures, en porcelaine de
Saxe, ancienne qualité, représentant un Mariage
sous les auspices de l'Amour.

94 — Groupe de deux figures chinoises.

95 — Sucrier fond blanc, orné de médaillons représentant
des sujets de marine; le bouton du couvercle est
formé par une fleur.

96 — Petite écuelle à deux anses avec couvercle et soucoupe, décorée de sujets pastoraux dans le style de
Watteau.

97 — Deux vases à fleurs, porcelaine de Saxe, décorés de
bouquets de fleurs finement peints, monture en
bronze doré, style Louis XVI.

98 — Cabaret composé de douze tasses et cinq grandes
pièces, décorées de fleurs.

PORCELAINES DIVERSES

99 — Deux vases, forme bouteille, en ancien craquelé, très-
belle qualité, avec anses ornées de mascarons à
mufles de lions, émaillés en brun. **Haut. 17** cent.

100 — Trente-six assiettes de dessert, décorées de fruits ; les bords, fond rose, sont richement ornés de fleurs en couleur et or.

101 — Une tasse et sa soucoupe, porcelaine de Chine à mandarins.

102 — Dix-huit assiettes et un compotier, en porcelaine de Saxe, décorés de fruits et de fleurs.

102

103 — Deux coupes en ancien craquelé, belle qualité ancienne. Diam. 27 cent.

104 — Autre coupe en céladon craquelé, monture rocaille en bronze doré.

850 —

105 — Beau vase de forme aplatie, en porcelaine de Chine, décorée de sujets de combats et d'autres de la vie privée, d'une grande finesse de peinture avec entourage à treillis rouge et or. Haut. 45 cent. Monture à console et guirlandes bronze en couleur.

161

106 — Vase de forme bizarre en porcelaine de Chine, décoré de dragons et de fleurs, monture du pays en bois sculpté, découpé à jour. Haut. 38 cent.

107 — Deux vases, forme bouteille, porcelaine céladon vert d'eau, décorés de fleurs et d'oiseaux légèrement en relief et émaillés en blanc et rehaussés de bleu ; contenant des lampes façon Carcel, garnies en cuivre doré. Haut. totale, 60 cent.

108 — Deux autres lampes en porcelaine céladon vert d'eau,

420 — une Caisse en Céladon turquoise fracturé

ornées de dragons en relief, montées en bronze doré. Haut. 33 cent.

109 — Coupe faisant jardinière, porcelaine du Japon décorée de fleurs, monture à trépied avec tête de bélier en bronze doré. Diam. 27 cent., haut. 24 cent.

110 — Jolie paire de vases en céladon craquelé gris; les anses sont formées par des animaux chimériques. Haut. 32 cent.

111 — Deux petites bouteilles, porcelaine du Japon, décorées de fleurs, monture rocaille en bronze doré.

112 — Vase (pot-pourri), porcelaine du Japon, décoré de fleurs et rehaussé d'or, monture en bronze doré, style Louis XVI.

113 — Deux grands vases bleu turquoise, décor de guirlandes de fleurs en camaïeu d'or; monture en bronze doré. Haut. 53 cent.

114 — Déjeuner en porcelaine moderne, décor chinois, composé d'un plateau et six pièces.

115 — Deux vases en porcelaine tendre bleu de roi, décorés d'émaux transparents imitant des pierres fines; la panse du vase est ornée d'une frise très-finement peinte, représentant des sujets mythologiques, monture à deux anses, style Louis XVI, en bronze doré. Haut. 54 cent.

116 — Deux grands vases fond blanc, porcelaine à la reine, décorés de bluets et ornements d'or, portant des

candélabres à sept lumières, formées par des branches de fleurs, monture ancienne en bronze doré finement ciselée. Haut. totale, 85 cent.

117 — Beau vase de forme basse, en ancien craquelé de la plus belle qualité, décoré de mufles de lions et ornements en relief émaillés en brun, sur socle en bois de fer sculpté. Haut. 20 cent., diam. 17 cent.

370

118 — Cornet rectangulaire, formé de fleurs entièrement découpées à jour, porcelaine céladon vert, qualité très-ancienne. Haut. 22 cent.

100

119 — Deux jolis vases en ancien craquelé, très-belle qualité, avec ornements en relief émaillés en brun, monture en bronze doré. Haut. 29 cent.

600

120 — Très-belle garniture de cinq vases (potiches et cornets) à pans, en porcelaine du Japon de la plus belle qualité et d'un décor de fleurs très-riche. Hauteur des vases, 80 cent. avec couvercle; hauteur des cornets, 60 cent.

1725

121 — Vase de forme aplatie, en porcelaine céladon vert bronze; les anses sont formées par des têtes de cerfs; très-belle et ancienne qualité. Haut. 20 cent.

192

122 — Bouteille forme gourde, porcelaine céladon rouge jaspé, sur pied rocaille en bronze doré.

125

123 — Quatre plats en porcelaine de Chine, décor de fleurs très-riche, avec cartouches renfermant des ustensiles et des animaux chimériques, très-belle qualité ancienne. Diam. 39 cent.

155

124 — Quatre lampes façon Carcel, placées dans des bouteilles en porcelaine craquelée gris, ornées de dragons en relief, montées en bronze doré.

125 — Grand vase (potiche) et deux grands cornets à pans en porcelaine du Japon, décorés de fleurs, d'une forme très-élégante et de la plus belle qualité. Haut. 55 cent.

126 — Deux beaux vases en porcelaine tendre, fond rose à médaillons de sujets pastoraux et de fleurs; les anses sont formées par des têtes de béliers auxquelles se rattachent des guirlandes de pampres; socles en bronze doré. Haut. 40 cent.

127 — Deux vases à fleurs, porcelaine fond blanc, décorée de bouquets de fleurs.

128 — Trois petits vases en ancien craquelé brun, ornements en relief dorés, monture en bois.

129 — Jolie petite coupe en porcelaine craquelée, belle qualité ancienne, sur pied en bois sculpté.

130 — Chimère, formant vase à brûler les parfums, porcelaine de Chine émaillée en jaune, bleu et vert.

311 — Autre Chimère, même qualité de porcelaine.

132 — Deux vases, forme bouteille, fond bleu turquoise, médaillons à sujets de chasse.

OBJETS CHINOIS

133 — Grande corne de rhinocéros, entièrement sculptée
et découpée à jour, représentant des personnages
chinois, des animaux divers, des arbustes et des
fleurs. Travail très-curieux. Haut. 65 cent.

    Cette pièce est placée sur un support en bois de fer
sculpté, découpé à jour.

134 — Deux pitongs en bambou sculpté, travail chinois,
offrant en bas-relief des sujets du pays.

135 — *Jade blanc verdâtre.* — Vase forme bouteille aplatie,
avec anses à anneaux mobiles évidées et prises
dans la masse ; il est décoré d'arabesques à dragons d'un travail très-finement sculpté. Cette
pièce, entièrement évidée d'épaisseur, est d'une
forme très-élégante, repose sur un socle en bois
de fer sculpté et découpé à jour. Haut. 16 cent.

136 — *Cristal de roche nébuleux.* — Flacons jumeaux ayant
la forme de vases, entièrement évidés, ornés de
dragons et de figures. Travail très-fin et original,
sur pied en bois de fer sculpté.

137 — Petite pagode chinoise en laque noir et or, fermant
à quatre ventaux; elle renferme une divinité en
bois sculpté, et une trinité sculptée dans un grain
de riz. Cet objet curieux provient de la collection
de M. de Guignes.

138 — Jolie petite bouteille en émail cloisonné, décorée d'arabesques et de fleurs en couleurs variées sur fond bleu turquoise, très-belle qualité. Haut. 13 c.

139 — Petite bouteille du même décor; le col est orné de deux petites anses en forme de tubes.

140 — Deux grandes figures chinoises en pierre de lard, sur un même rocher, en même matière. Haut. 41 c.

141 — Jolie petite boîte de forme bizarre, en laque du Japon, fond or, décor de fleurs et d'oiseaux légèrement en relief; belle qualité ancienne.

142 — Boîte de forme rectangulaire, laque fond noir à dessins d'or, représentant des paysages et des fleurs; elle renferme un plateau et quatre petites boîtes de même forme; cette boîte, de belle qualité, repose sur un support en forme de table.

143 — Très-beau coffret; le couvercle, élevé et à gorge, se ferme par une porte à coulisses; ancien laque du Japon, fond noir, à dessins d'or en relief, avec incrustations en corail, représentant des paysages avec kiosque, figures et animaux. Cette pièce remarquable est de la plus belle qualité que l'on puisse rencontrer.

144 — Grande boîte, forme rectangulaire, renfermant plusieurs compartiments en laque aventuriné, décor d'or, faisant relief, représentant des passages avec figures et animaux d'une très-belle conservation. La ferrure en cuivre argenté.

145 — Petit cabinet fermant à deux vantaux et renfermant des tiroirs; très-beau laque du Japon, fond or, décor de paysages, légèrement en relief; très-belle qualité ancienne.

OBJETS DIVERS

146 — Deux médaillons en fer ciselé et doré, représentant les bustes de Louis XVI et de Marie-Antoinette, avec les écussons armoriés de chaque personnage, placés au milieu de trophées d'armes.

147 — Coupe en cristal de roche, ayant la forme d'une carapace de tortue, monture en argent doré enrichie de rubis.

148 — Deux petits vases, dits lacrymatoires, et un fragment de vase antique, en verre irisé.

149 — Râpe à tabac en bronze doré, représentant un personnage en costume du temps de Louis XV.

150 — Deux paires de chaussures algériennes en velours, ornées de galons et de paillettes.

151 — Pipe turque avec deux tuyaux, l'un en jasmin et l'autre en cerisier, garnie en cuivre doré, avec un bouquin en ambre.

152 — Boîte à ouvrage en marqueterie de l'Inde, en ivoire et métal; travail très-fin.

153 — Espèce de porte-allumettes en fer ciselé, offrant des sujets emblématiques, des trophées d'armes et des bustes de personnages historiques en bas-relief, sur fond damasquiné d'or. Cet objet curieux, dans le style de l'époque de Louis XV, est signé du nom de Fagot.

154 — Deux grands flambeaux du temps de Louis XV, en émail sur cuivre, fond blanc décoré de fleurs en couleurs et d'ornements en or faisant relief. Haut. 28 cent.

155 — Divers bas-reliefs et appliques en cuivre du temps de Louis XVI.

BIJOUX ET OBJETS EN ARGENT

156 — Montre en or émaillé, du temps de Louis XIV, ornée d'une peinture représentant le Jugement de Pâris, signée I. L. Durant, avec double boîtier enrichi de rubis et de diamants-tables.

157 — Montre ayant la forme d'un violon, en or émaillé, bijou du temps de Louis XVI.

158 — Montre du temps de Louis XVI, en or ciselé, mouvement de Berthoud, double boîtier en cuivre.

159 — Petite montre en or ciselé du temps de Louis XVI, mouvement de Lépine, horloger du roi, à Paris.

160 — Étui en or ciselé et guilloché, orné de petits médaillons d'oiseaux.

161 — Autre étui formant cachet, en or ciselé, même époque.

162 — Étui en jaspe sanguin, monture rocaille en or ciselé, du temps de Louis XV.

163 — Timbale en argent doré, avec soucoupe. Ces deux pièces sont ornées d'arabesques à rinceaux de fleurs et feuillages, ciselées et gravées.

164 — Lustre à six lumières, en argent repoussé, du temps de Louis XIII. Il est formé de branches de fleurs découpées à jour et orné de têtes de chérubins ; la chaîne de suspension, également en argent, offre aussi des têtes de chérubins ailées.

> Cette pièce est suspendue à une potence formée de rinceaux à feuillages, et se terminant par une tête d'aigle également en argent ; travail repoussé d'une grande élégance et de style flamand.

165 — Autre lustre semblable.

166 — Vidrecome à couvercle, surmonté d'une figurine de Mars en argent doré, entièrement couvert d'arabesques entremêlées de bustes d'hommes ; travail repoussé très-soigné du dix-septième siècle. Haut. 32 cent.

TABATIÈRES

167 — Boîte ovale du temps de Louis XVI. en or ciselé, ornée de trophées et de guirlandes exécutés en or et couleurs, d'un travail délicat et des plus achevés.

168 — Boîte de forme baroque, du temps de Louis XIV, en nacre de perle incrustée de petites étoiles et ornements en or; le couvercle est orné d'un bas-relief en or émaillé enrichi de diamants, représentant un Amour sous un dais et élevé sur un lambrequin; le fond est orné de trophées et d'arabesques; à l'intérieur est une miniature représentant un sujet de chasse. Très-belle garniture en or.

169 — Très-belle boîte ovale, monture à cage en or ciselé, du temps de Louis XVI. Elle est ornée de six miniatures très-fines, dans le style de Watteau.

170 — Boîte ovale en laque rouge, garnie en or; le couvercle est orné d'une plaque en piqué d'or.

171 — Belle boîte ovale en or ciselé et émaillé, du temps de Louis XVI, ornée de miniatures représentant des sujets d'intérieur; peintures d'une grande beauté d'exécution.

172 — Boîte ovale en or guilloché et émaillé, décorée de sujets de jeux d'enfants en camaïeu rouge rehaussé de blanc.

173 — Belle boîte carrée à angles coupés, du temps de Louis XVI, monture à cage en or ciselé, ornée de petits bas-reliefs en or représentant des jeux d'enfants, appliqués sur fond de laque rouge. Du cabinet Daugny.

174 — Petite boîte de forme baroque, du tems de Louis XV, en jaspe sanguin; belle monture rocaille en or ciselé.

175 — Boîte ovale du temps de Louis XVI, en or ciselé et émaillé, fond vert pistache, enrichie de guirlandes de feuillages émaillées avec cabochons imitant des opales; le couvercle est orné d'un médaillon représentant un sujet historique.

176 — Boîte ovale en or émaillé, de Genève, ornée d'un médaillon à sujet de la Fable.

177 — Boîte ronde à cuvette en cristal de roche, monture du temps de Louis XVI, en or ciselé.

178 — Boîte carrée, monture à cage en argent doré, ornée de six belles miniatures, scènes villageoises d'après D. Teniers.

179 — Boîte ronde, ornée de deux émaux, de Genève, à sujets grisaille, sur fond violet.

180 — Boîte carrée garnie en or ciselé, en porcelaine de Saxe, décorée de figures allégoriques; le couvercle est orné d'un médaillon renfermant le portrait d'un personnage historique du temps de Louis XV,

surmonté d'une couronne en argent enrichie de petites roses.

181 — Boîte ronde garnie en or, en porcelaine de Saxe, ornée de peintures très-fines, représentant divers sujets.

182 — Boîte carrée en porcelaine de Saxe, décorée de peintures représentant des sujets mythologiques, à l'intérieur Vénus et l'Amour ; monture en or.

183 — Autre boîte de même forme, en porcelaine de Saxe ; les peintures représentent également des sujets mythologiques, garniture en argent.

184 — Belle boîte ovale en porcelaine de Saxe, garnie en or ; les peintures représentent des sujets variés.

185 — Boîte carrée en écaille, ornée de six plaques en piqué riche, sur écaille.

186 — Boîte à cure-dents, en ivoire : le couvercle est orné d'une miniature en grisaille, représentant des jeux d'enfants, par Degaus.

MINIATURES

187 — Le portrait du roi Louis XVI, par Sicardi, 1779 ; belle miniature, dans un médaillon ovale en or ciselé, avec garniture en argent doré.

2050. 188 — Portrait d'une jeune fille coiffée d'un turban ; charmante peinture par Hall.

1020 189 — Grande et belle miniature représentant un concert, composition de trois figures, par C. Rosalba. De la vente Daugny.

190 — La Pêche, d'après Boucher, jolie miniature.

191 — Jeune berger jouant de la musette, d'après Boucher.

192 — Les Amoureux.

935. 193 — La Petite jardinière.

194 — Jeune pâtre faisant danser son chien, miniature sur émail, d'après Boucher.

195 — Belle grisaille, par Degault.

196 — Un portrait de femme du règne de Louis XV.

925. 197 — La Moisson, très-belle miniature par Blarenbergh, 1787.

198 — Vénus et l'Amour, par Charlier.

199 — Berger et bergère.

200 — Les Petits maraudeurs.

1800 201 — Le portrait de la reine Marie-Antoinette, très-belle miniature par Hall, cadre et moulure en argent doré, vente Daugny.

960

202 — Le portrait de Giraudet, par Hall, grande miniature d'une beauté remarquable. Des ventes Daugny et Saint.

505

203 — Charmante miniature par Lawrence, représentant une collation dans un parc, le cadre en or ciselé et la monture en argent doré.

550 Lawrence

204 — Autre belle miniature, par le même artiste, représentant une promenade dans un parc, le cadre en or ciselé et la monture en argent doré.

400

205 — Belle miniature signée F. V. Mieris, représentant deux jeunes époux, auprès d'eux un enfant. Cadre en argent doré.

400

206 — Fête villageoise dans une hôtellerie, très-belle miniature portant le monogramme de Jacques Callot.

207 — Autre belle miniature portant le même monogramme, représentant des saltimbanques sur une place publique, entourés de nombreux assistants. Cadre en argent doré.

208 — Tête de bacchantes couronnées de pampres, charmante miniature d'après Greuze, cadre en or ciselé.

209 — Le portrait de la duchesse de Bourgogne, en très-riche costume, cadre en or ciselé.

415

210 — Très-belle miniature par Klingstet : Jeune femme avec son chien, assise sur un sopha, ornant le cou-

vercle d'une boîte en écaille garnie en or. Vente Daugny.

211 — Autre miniature du même artiste : Une jeune femme lisant une lettre est surprise par son mari; sur boîte en écaille garnie en or.

212 — Le portrait du nonce du pape Pie VII, sur boîte en écaille garnie en or.

213 — Groupe de jeunes enfants dans un parc, cadre en or ciselé.

214 — Petit portrait de femme de l'époque de Louis XVI, cadre en or.

215 — Petit portrait de femme avec un ruban bleu dans les cheveux, médaillon ovale, époque Louis XVI.

216 — Médaillon ovale de la même époque, avec portrait de femme en robe rose garnie de dentelles; au revers un portrait d'homme.

217 — Médaillon ovale en travers, peinture sur porcelaine représentant une danse dans un parc; d'après Watteau. Cadre en bronze ciselé et doré.

218 — Gouache miniaturée, représentant deux personnages historiques du siècle de Louis XIV, en costumes mythologiques, dans un parc dont les fleurs et les arbres sont peints avec une rare perfection de détails. Signée Lefébure, 1645. Cadre en bois d'ébène.

3

219 — Autre miniature portant la même signature et la date de 1677. Elle représente une clairière dans un bois semé de fleurs, dont tous les détails sont peints avec un soin minutieux.

220 — Le portrait de *Molière* jeune, par Rigaud, signé.

221 — Grande et belle miniature pour éventail, représentant un festin et des danses, composition de nombreuses figures en costumes variés.

222 — Grande miniature : portrait de femme en riche costume de l'époque Louis XVI. On lit dans le champ (peinte à Vienne par J. F. Leybold, 1799). Cadre en cuivre doré. Provenant de la vente Humann.

223 — Très-beau manuscrit (livre d'heures) de la fin du quinzième siècle ou du commencement du seizième, enrichi de douze grandes miniatures de la plus grande beauté et de vignettes à fond d'or très-variées de dessins, et dans lesquelles se trouve souvent répété le même monogramme ; il est précédé d'un calendrier orné de sujets et des signes du zodiaque, correspondant à chaque mois de l'année.

Ce beau manuscrit doit avoir appartenu à la reine Catherine de Médicis, car au commencement du volume se trouve un écusson portant ses armes, et en regard une peinture emblématique, représentant une montagne de chaux arrosée de larmes, avec cette légende : ARDOREM EXTINCTA TESTANTVR VIVERE FLAMMA. Emblème et légende qu'elle adopta après la mort de son époux, ainsi que nous l'apprend Brantôme dans son discours sur la vie de Catherine.

(*Addition aux mémoires du sire de Castelnau,* livre 1, page 300.)

224 — Missel provenant de la collection du baron Denon, ancien directeur du Musée. Nous rapportons ici textuellement la *description* donnée dans son Catalogue : Missel renfermant huit tableaux représentant des sujets de l'Ancien et du Nouveau Testament. Les sujets sont : Adam et Ève séduits par le serpent ; le Père Éternel leur reprochant leur faute ; la Crèche ; Jésus baptisé par saint Jean ; la Cène ; le Christ en croix ; la Résurrection ; Jésus dans sa gloire, foulant aux pieds le serpent.

Ce morceau précieux a fait partie de l'oratoire des papes ; on a présumé qu'il avait été peint par un élève de Raphaël ; nous y avons retrouvé plutôt le pinceau et le goût du dessin de Rottenhamer. Ce peintre passa une grande partie de sa vie en Italie et fut plus éloquent et plus gracieux que la plupart des peintres allemands, mais il conserva toujours un reste du goût de sa nation. Ce missel doit être considéré comme un morceau non-seulement curieux par son origine, mais aussi très-remarquable par la perfection des peintures. — Cadres en ébène et reliure en velours, avec appliques en cuivre doré et le monogramme du Christ. Haut. 44 c. sur 17.

VERNIS MARTIN

225 — Belle boîte carrée garnie en or, à fond rouge, décorée de miniatures représentant des sujets champêtres, d'après Watteau; l'intérieur du couvercle offre un couple amoureux se regardant tendrement; cette boîte, dont les peintures sont d'une finesse remarquable, est d'une parfaite conservation.

226 — Boîte ovale garnie en or, ornée de sujets de jeux d'enfants, d'après Boucher, peints en couleur sur fond d'or.

227 — Boîte ovale garnie en or, à fond rouge, ornée de paysages et de jeux d'enfants.

228 — Boîte ronde cerclée d'or, à fond blanc rayé d'or; le couvercle est orné d'un sujet pastoral finement peint.

229 — Boîte ronde, fond or, ornée de deux sujets: le Joueur de flûte, et Un jeune pâtre faisant danser son chien.

230 — Petite boîte ronde, fond or, avec sujet: la Petite fermière.

231 — Boîte carrée, décorée d'oiseaux.

232 — Petit médaillon rond, représentant Loth et ses filles, peinture d'une finesse remarquable; de la vente Daugny.

233 — Autre médaillon, les Arts, d'après Boucher.

234 — Médaillon rond à fond or, deux jeunes enfants assis
près d'un tronc d'arbre, peinture d'une beauté
remarquable et d'une conservation parfaite, monture en argent doré.

235 — Autre médaillon rond, peinture très-fine représentant des jeux d'enfants, même monture.

236 — Médaillon à fond rouge, enfants faisant des guirlandes de fleurs, peinture du plus beau fini.

237 — Étui garni en or, peinture grisaille sur fond rouge, à
raies vertes.

ARMES

238 — Carabine à rouet du seizième siècle; la batterie est
ornée de gravures, et la monture en bois est incrustée d'arabesques et animaux en ivoire gravé,
et nacre de perle.

239 — Devant de cuirasse du seizième siècle, décoré de
bandes d'ornements et de figures allégoriques,
très-beau style.

240 — Casque à oreillons de la même époque et du même
travail.

241 — Pièce de renfort (cubitière) en acier poli, décorée d'a-
rabesques gravées et dorées, du seizième siècle.

242 — Rondelle de lance en acier poli, décorée d'arabesques et de trophées gravés et dorés, même style
et époque que la pièce précédente.

243 — Épée italienne du seizième siècle, garde à panier en
fer ciselé et découpé à jour.

244 — Épée espagnole à lame de Tolède et pommeau cannelé; la garde à panier est découpée à jour et
gravée.

245 — Masse d'armes orientale en fer, à ailerons, poignée
à garde ciselée.

246 — Hache d'armes orientale, dont la lame et la hampe
sont couvertes d'arabesques damasquinées d'argent;
elle renferme une épée dont la lame est couverte
d'arabesques, du même travail; pièce très-remarquable.

247 — Paire d'éperons allemands en fer ciselé.

248 — Dague dite *miséricorde*, à lame carrée, poignée et
barrette en fer ciselé, travail italien du seizième
siècle.

249 — Autre à peu près semblable.

250 — Deux autres dagues, dites *miséricordes*, en fer ciselé,
de la même époque.

251 — Épée allemande du seizième siècle, à garde en fer à
enroulements.

252 — Autre épée allemande à peu près semblable; le pommeau est cannelé.

253 — Paire de pistolets, époque Louis XIV, batterie à pierre et garniture en cuivre ciselé et doré.

254 — Poire à poudre en cuivre gravé.

255 — Épée du temps de Louis XVI; la garde et la coquille, ainsi que la garniture du fourreau, sont en acier ciselé et représentent des combats de cavalerie; travail très-fin sur fond damasquiné d'or.

256 — Autre épée de mêmes époque, et travail, offrant des bustes de guerriers et ceux de Louis XIV et de Louis XV; travail d'une grande perfection et d'un fini remarquable.

257 — Casque indien, à nasal, avec garde-nuque en mailles d'acier et cuivre; la bombe, en damas, est ornée d'arabesques damasquinées en or.

258 — Épée-brassard indienne, décorée d'ornements damasquinés en or.

259 — Bouclier indien, de forme circulaire, en peau de rhinocéros translucide, décoré d'arabesques en couleur sur fond d'or; il est garni de quatre bossettes en cuivre doré.

260 — Yatagan de Trébizonde, à lame incrustée d'arabesques en argent; la poignée, en corne, est garnie en argent doré.

261 — Sabre indien, lame en damas gris, avec poignée et garde en fer entièrement couvertes d'ornements damasquinés d'or, d'un travail très-fin.

262 — Sabre égyptien, lame en damas gris, poignée en corne et garniture en argent.

263 — Yatagan algérien, poignée en corne et fourreau entièrement en argent repoussé et ciselé, d'une ornementation très-riche.

264 — Autre petit yatagan, fourreau en velours rouge garni en argent.

265 — Masse d'armes orientale, tout en fer, ornée d'arabesques damasquinées en or.

266 — Marteau d'armes oriental, en fer damasquiné d'or, d'un travail très-riche et soigné.

267 — Sabre égyptien, lame en damas gris, poignée en corne, fourreau en chagrin noir et garniture en argent doré.

268 — Petit yatagan de Trébizonde, poignée en cuivre et garniture en argent enrichie de coraux.

269 — Paire de pistolets turcs, canon et batterie incrustés d'ornements en or.

270 — Petite giberne orientale, en velours violet brodé en fin.

271 — Très-beau casque à visière du seizième siècle, décoré de bandes d'arabesques, gravé et doré.

272 — Deux épaulières provenant d'une armure du seizième siècle, en acier poli, orné de bandes d'arabesques gravées et dorées.

273 — Très-beau devant de cuirasse en acier poli, décoré d'arabesques gravées et dorées; travail du seizième siècle : il porte les armes d'Autriche et au-dessus le Christ en croix.

274 — Têtière de cheval en acier, ornée d'arabesques dorées, de la même époque et du même travail que la pièce précédente.

275 — Très-beau pistolet à rouet du temps de Henri II; la batterie, le canon, ainsi que le pommeau, sont en fer ciselé et doré, offrant des figures allégoriques, des mascarons et des arabesques d'une grande perfection ; la monture, en bois, est couverte d'arabesques en grotesque, découpées à jour, du plus beau style et d'une grande perfection d'exécution. — Cette pièce remarquable provient de la collection de M. Humann.

276 — Deux manches de cotte de mailles, à maillons rivés, en acier poli et bordure en cuivre.

277 — Main-gauche à lame cannelée; la garde, en fer, est découpée à jour.

278 — Épée allemande à large lame, pommeau et garde en fer ciselé.

279 — Poire à poudre en ivoire sculpté, de travail allemand, portant des armoiries et un médaillon avec portrait d'homme, plus cette inscription : *Augustus,* 1697.

280 — Épée allemande à large lame, pommeau et garde en fer noirci.

281 — Grand pistolet à rouet du seizième siècle; le canon et la monture, entièrement en fer, sont couverts d'arabesques gravées et en partie dorées.

282 — Main-gauche. garde en forme de coquille cannelée.

283 — Poignard du temps de Louis XV, poignée en ivoire, fourreau en galuchat gris, garnie en argent repoussé.

284 — Diverses armes et débris d'armures seront vendus sous ce numéro.

BRONZES DORÉS

285 — Pendule ancienne, époque de Louis XVI, ornée de guirlandes et de rinceaux à feuillages, finement ciselés; elle est surmontée d'un Amour tenant une flèche et une couronne de fleurs. Le mouvement porte le nom de Lepaute, horloger du roi. Haut. 50 cent.

286 — Paire de candélabres à deux branches ornées de feuillages et de raisins en bronze doré; ces branches sont supportées par des figurines, jeune satyre et jeune

fille en pendant, couronnées de pampres et de raisins, d'après Clodion. Bronze au vert antique.
Haut. 38 cent.

287 — Autre paire semblable

288 — Pendule ancienne, du temps de Louis XVI, à cadran
tournant, en forme de vase à deux anses et orné
de feuilles d'acanthe, placé sur un fût de colonne
cannelé en bronze de couleur florentine, orné de
guirlandes dorées; elle est signée : *Osmand*. Hauteur 47 cent.

289 — Paire de flambeaux du temps de Louis XVI, richement ciselés et en bronze doré.

290 — Paire de bras ayant la forme de carquois rempli de
flèches; ils sont à deux branches et ornés de guirlandes de fleurs et de feuillages en bronze doré,
finement ciselés, du temps de Louis XVI.

291 — Paire de feux du temps de Louis XIV, formés par
des chevaux richement caparaçonnés, dont les
pieds de devant posent sur des écussons héraldi-
ques; les piédestaux sont ornés de mascarons et
de riches ornements à feuillage. Le tout en bronze
doré. Haut. 40 cent.

292 — Belle pendule, style Louis XVI, en bronze doré mat;
elle est ornée de riches consoles avec guirlandes
de fleurs, et surmontée d'un vase formant casso-
lette, orné de têtes de béliers et de guirlandes; le
socle, en marbre blanc, est orné de moulures à

feuilles d'acanthe et de rinceaux en bronze doré.
Haut. 63 cent.; larg. 50 cent.

293 — Deux feux anciens, du temps de Louis XVI, en
bronze doré; ils sont formés par des vases ornés
de guirlandes.

294 — Deux candélabres à six lumières, en bronze doré
au mat, formés par des rinceaux et des fleurs,
supportés par quatre cariatides adossées ; le tout
d'une ornementation très-riche et délicate, style
Louis XVI. Sur socle en marbre blanc. Hauteur
59 cent.

295 — Deux petites girandoles à deux lumières, style
Louis XVI, en bronze doré, formées de rinceaux
à feuillages.

296 — Deux petits flambeaux anciens, style Louis XVI, en
argent repoussé et doré.

297 — Un bougeoir en porcelaine, fond bleu, à médaillons
d'amours, monté en bronze doré.

298 — Petit lustre en cristal de roche, monture en bronze
doré ; il est garni de nombreuses pendeloques et
de guirlandes.

299 — Autre lustre en cristal de roche, à douze lumières,
monture en bronze doré.

300 — Paire de bras en cristal de roche, montés en bronze
doré.

301 — Grande pendule en bronze doré au mat, avec groupe de figures, satyre et bacchante, sur plinthe en griotte d'Italie.

302 — Deux grands candélabres à treize lumières, formés par des cariatides d'enfants supportant les lumières.
Cette belle garniture de cheminée, modelée par M. Caudron, est modèle et propriété; l'acquéreur pourra la reproduire.

303 — Plusieurs porte-pelles et pincettes garnis de leurs accessoires, en cuivre poli, seront vendus sous ce numéro.

304 — Lanterne d'antichambre du temps de Louis XVI, bronze doré, avec suspension à contre-poids.

305 — Lustre de salle à manger, à trente lumières, à rinceaux, style Louis XVI, en bronze doré, avec lampe de suspension au centre et corbeille.

306 — Grande pendule de salon, formée par un groupe de figures représentant un sujet allégorique aux arts, bronze doré au mat, sur piédestal à moulures en marbre blanc.

307 — Deux grands candélabres à dix lumières, formés par des vases d'une ornementation très-riche, avec figures, mascarons et rinceaux en bronze doré au mat.
Cette garniture de cheminée, modelée par M. Caudron, est modèle et propriété; l'acquéreur pourra la reproduire.

308 — Paire de flambeaux ornés de guirlandes, de têtes de

béliers et de mascarons. Du temps de Louis XVI.

309 — Autre paire de flambeaux anciens du temps de Louis XVI, bronze doré.

310 — Paire de girandoles à trois lumières, du temps de Louis XVI, ornés de fleurs et de feuillages, très-finement ciselés.

311 — Autre paire de girandoles à trois lumières, de la même époque.

312 — Lustre de salon à douze lumières, en cristal de roche, monture en bronze doré, richement garni de nombreuses plaques et guirlandes.

313 — Deux paires de bras du même style, également garnis de plaques et de guirlandes en cristal de roche.

314 — Paire de très-beaux feux Louis XVI, formés par des aiguières, sur fût de colonne cannelée, ornés de rinceaux et de guirlandes de feuillages.

315 — Belle paire de feux anciens avec figures de *Neptune* et *Vénus*, bronze doré.

316 — Autre paire de feux à lions, à bronze doré.

MEUBLES

317 — Deux grandes consoles, style Louis XV, bois sculpté
et doré, orné de guirlandes de fleurs et de trophées. L'entre-jambes est garnie d'un groupe
d'enfants; tablette en marbre blanc. Larg. 1 m.
60 cent.

> Ces deux beaux meubles, d'une parfaite exécution et
> d'une grande richesse, sont parfaitement conservés et
> très-fins de dorure.

318 — Table carrée à entre-jambes, ancienne, époque de
Louis XVI, ornée de guirlandes de fleurs et de
rosaces en bois sculpté et doré.

319 — Très-bel écran du temps de Louis XVI, en bois
sculpté et doré, orné de trophées de musique et
de guirlandes de fleurs. Il est garni en tapisserie
de Beauvais.

320 — Deux jolis petits guéridons formant étagère, style
Louis XVI, marqueterie de bois de rose et garnis
de bronze doré.

321 — Deux tables à jeu en marqueterie cuivre et écaille,
partie et contre-partie, garnies de bronze en couleur.

322 — Meuble de salon en bois sculpté et doré, style Louis XV, garni en damas de soie cramoisi. Il est composé de six fauteuils et six chaises.

323 — Deux canapés causeuses garnis en damas de soie pareil aux meubles ci-dessus désignés.

324 — Deux fauteuils cabriolet garnis en satin broché rouge à fleurs.

325 — Pouf garni en damas cramoisi.

326 — Piano à queue en bois de palissandre, fabrique d'Ehrard.

327 — Très-beau lit ancien du temps de Louis XVI, en bois sculpté et doré, orné de trophées, d'emblèmes et de couronnes de fleurs. Le baldaquin, très-riche et des mêmes style et travail, a le ciel orné d'une peinture dans le style de Boucher. Ce beau lit est garni en damas de soie bleu et de ses rideaux en même étoffe doublés en soie bleue, plus de deux rideaux en damas blanc à fleurs. Le tout orné de riche passementerie.

328 — Grande commode du temps de Louis XVI, en marqueterie de bois à damier, richement ornée de bronzes dorés, tablette en marbre blanc.

329 — Armoire à glace Louis XVI, en marqueterie de bois à damier, richement garnie de bronzes dorés. Haut. 2 m. 10 cent.; larg. 1 m.

330 — Secrétaire Louis XVI, en marqueterie de bois à da-

mier, richement orné de bronzes dorés, dessus en
marbre blanc. Haut. 1 m. 30 cent.; larg. 85 cent.

331 — Table de nuit style Louis XVI, en marqueterie de
bois à damier, garnie de bronzes dorés, dessus en
marbre blanc.

332 — Écran en bois sculpté et doré, garni en tapisserie au
point.

333 — Diverses pièces d'étoffes et coupons pour tentures :
popeline grise, damas de soie et brocatelle jaunes,
rideaux et pièces en brocatelle bleue avec passe-
menteries.

334 — 85 mètres de moquette en pièce, à dessins rouges
sur fond noir.

335 — Huit grands rideaux en damas de laine corinthe.
Haut. 2 mèt. 30 cent

336 — Deux grands canapés capitonnés non garnis d'étoffe.

337 — Un canapé à balustre doré, couvert en velours bleu
et tapisserie.

338 — Grand fauteuil voltaire couvert en dauphine à fleurs.

339 — Quatre grands rideaux pour croisée, en damas cramoisi, doublés en soie blanche, avec lambrequins,
embrasses et galeries en bois sculpté doré. Haut.
3 m. 40 cent. environ.

340 — Quatre autres rideaux pour portières, avec lambre-

4

quins et passementerie en damas cramoisi, doublés en soie de même couleur. Haut. 2 m. 80 cent.
environ.

341 — Deux petites consoles formant jardinières, style
Louis XVI, en marqueterie de bois, garnies de
bronze doré. Haut. 89 cent., larg. 57 cent.

342 — Glace de cheminée avec cadre très-riche d'ornements,
formés de couronnes et de guirlandes de fleurs, du
temps de Louis XVI, bois sculpté et doré. Largeur 1 mètre 20 cent., hauteur 2 mètres.

343 — Deux autres glaces avec cadres riches, du même
style, en bois sculpté et doré. Haut. 2 mètres,
largeur 65 cent.

344 — Quatre piédestaux de forme triangulaire, en bois
sculpté, du temps de Louis XVI, ornés de têtes de
béliers, de rinceaux et de guirlandes de fruits;
chaque face offre un médaillon renfermant une
figure en bas-relief, allégories aux saisons.
Haut. 85 cent.

345 — Écran en bois laqué et burgauté.

346 — Petit meuble à deux corps en bois d'ébène, orné
de pilastres et de colonnes cannelés avec chapiteaux
sculptés. La partie inférieure se ferme par deux
portes pleines, et la partie supérieure par deux
portes vitrées. Larg. 83 cent., haut. 1 mètre 55 c.

347 — Bureau ministre avec casier à tiroirs, en acajou
ronceux.

348 — Jolie petite table ployante, du temps de Louis XVI, en bois d'acajou, garnie de bronze doré.

349 — Grande banquette d'antichambre faisant coffre-fort, en bois de chêne sculpté, garnie de velours de laine vert.

350 — Deux grands fauteuils en chêne, garnis de même.

351 — Table avec pieds à balustres en bois de chêne.

352 — Porte-manteau faisant porte-canne et parapluie, en bois verni.

353 — Deux grands dressoirs avec étagères et glaces au-dessus, en bois d'acajou sculpté orné de trophées de chasse et de jardinage exécutés en haut relief, d'un beau style et d'une exécution remarquable. Hauteur avec la glace, 3 mètres; largeur, 2 mètres 20 cent.

354 — Table de salle à manger avec plusieurs rallonges, le pied à balustre est supporté par quatres griffes de lion en bois d'acajou sculpté.

355 — Pendule cartel de salle à manger, du temps de Louis XVI, en bois sculpté et doré, orné de carquois et de guirlandes de fleurs; travail délicat et fin.

356 — Baromètre faisant pendant à la pendule précédente, même ornementation.

357 — Douze chaises de salle à manger, en bois d'acajou couvertes en peau verte.

358 — Douze grands rideaux pour portières et croisées, en tapisserie, fond vert, décorés de fruits ; ils sont doublés en étoffe de laine verte. Haut. 3 mèt. 40 cent.

359 — Huit chaises en bois doré, garnies en étoffe de soie, de décor varié.

360 — Deux grands fauteuils garnis en étoffe de soie à fleurs, l'un fond rose, l'autre fond vert.

361 — Deux jolies consoles d'encoignure, du temps de Louis XVI, en bois sculpté et doré, ornées de rosaces et de guirlandes de fleurs, dessus en marbre blanc.

362 — Bel écran du temps de Louis XVI, en bois sculpté et doré, à colonnes cannelées et orné de guirlandes de fleurs ; il est garni en damas de soie cramoisi.

363 — Grande glace vénitienne, avec bordure et fronton en glace étamée, enrichis d'ornements découpés à jour, également en glace étamée. Cette pièce est remarquable par son volume et son bon état de conservation. Haut. 2 mèt., larg. 1 mèt. 20 cent.

364 — Petite table à ouvrage, garnie de deux tiroirs, en marqueterie de bois à fleurs, ornée de bronzes en couleur.

365 — Petit pupitre en bois, délicatement sculpté et découpé à jour ; travail moderne orné d'une peinture sur porcelaine.

366 — Deux tabourets de pied, garnis en velours de laine rouge.

367 — Chaise ancienne, du temps de Louis XVI, en bois d'acajou, ornée de cuivres dorés.

368 — Jolie armoire vitrée, en marqueterie de bois, richement ornée de bronzes dorés, dans le style de Louis XVI, dessus en brocatelle.

> Ce meuble, d'une forme gracieuse, disposé pour recevoir des objets de curiosité, est d'une exécution parfaite et ne laisse rien à désirer. Haut. 1 mèt. 60 cent., larg. 1 mèt. 20 cent.

369 — Autre armoire semblable.

370 — Table de forme oblongue, en bois de palissandre; pied à balustre richement sculpté.

371 — Jolie petite vitrine en bois des îles, sculptée et découpée à jour; travail chinois très-délicat.

372 — Grande et belle armoire à linge et à porte-manteaux, fermant à quatre portes; celles du centre sont garnies de glaces étamées, et celles des côtés sont pleines, avec marqueterie de cuivre sur bois d'ébène.

373 — Coffret en bois sculpté, orné de guirlandes de fleurs et garni en étoffe de soie.

374 — Grande jardinière en bois sculpté et doré, richement ornée de guirlandes.

375 — Encrier Louis XV, en bronze rocaille avec plaque en vieux laque, garni de trois godets en porcelaine craquelée de Chine.

376 — Quatre volumes d'architecture, par Boucher.

377 — Fête publique donnée par la ville de Paris, à l'occasion du mariage de monseigneur le Dauphin, le 13 février 1747. Grand in-folio relié en maroquin rouge, par Padeloup.

378 — Autre volume semblable, renfermant en plus le second mariage du Dauphin, en 1747, avec Marie-Thérèse, infante d'Espagne.

379 — Description de l'hôtel de ville d'Amsterdam, relié en parchemin.

380 — Antiquités du château de Heidelberg, gravé par Texier.

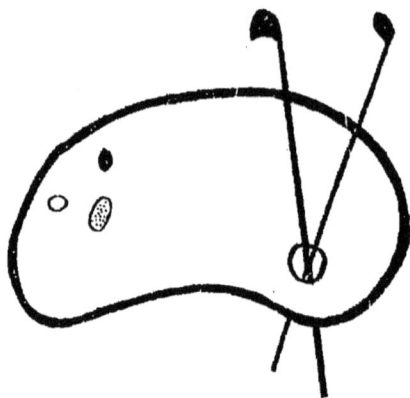

ORIGINAL EN COULEUR
NF Z 43-120-8

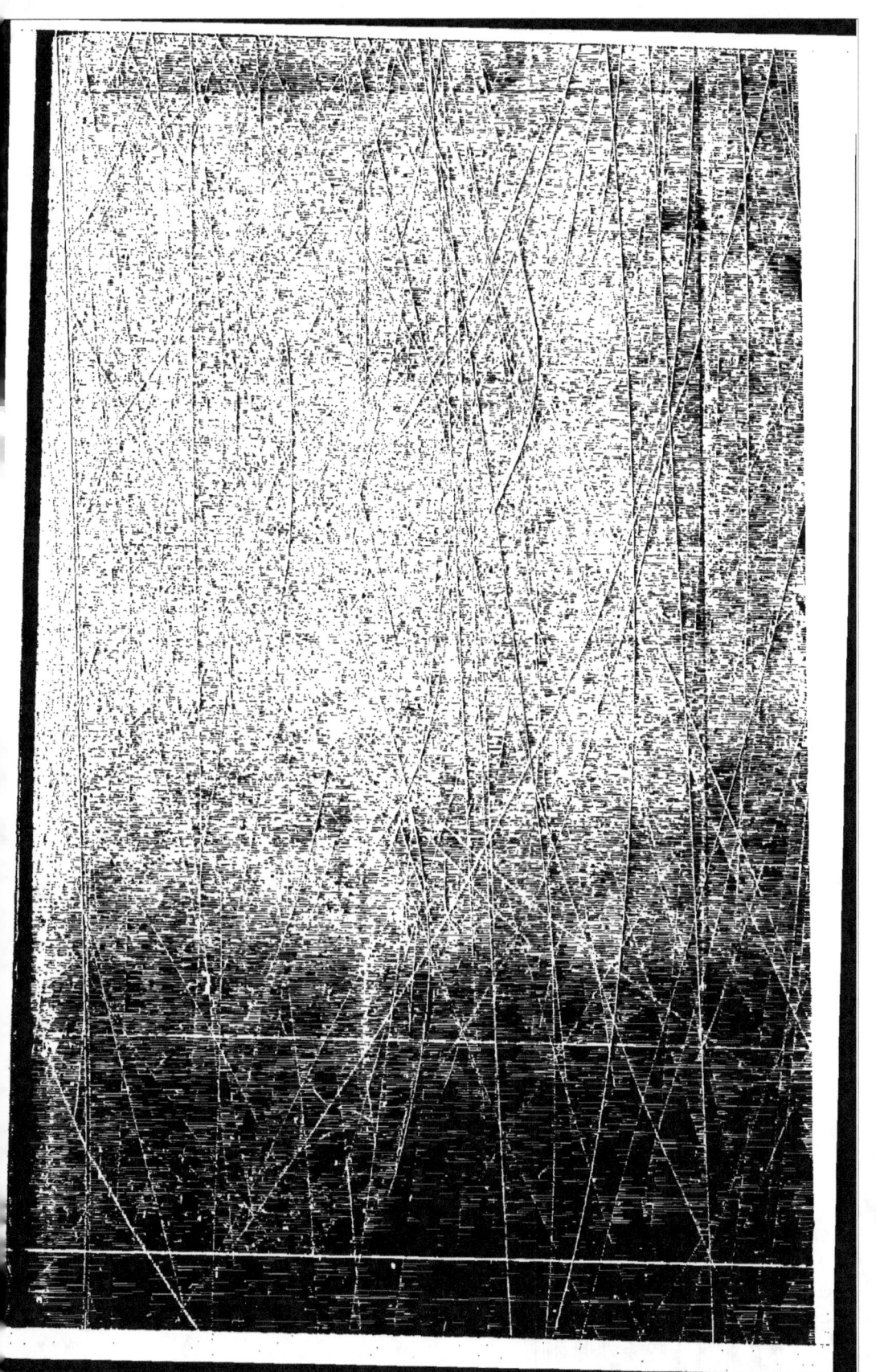

www.ingramcontent.com/pod-product-compliance
Lightning Source LLC
LaVergne TN
LVHW022034080426
835513LV00009B/1046